MATH WORKBOOK
PRE-ALGEBRA: ONE STEP AND TWO STEP EQUATIONS

This book belongs to:

maddie

Poppy's Homework Studio ©

MATH WORKBOOK
GRADE 6-8

Content

	PAGE
One step	1
Two step	71
Answers	101

Poppy's Homework Studio ©

PRE-ALGEBRA

1 step equations

Pre-Algebra Equations (One Side)

Solve for the variable.

1. $9 + y = 16$ _____

2. $4 + y = 8$ _____

3. $8 + y = 9$ _____

4. $y + 3 = 12$ _____

5. $y + 5 = 12$ _____

6. $y + 3 = 8$ _____

7. $y + 8 = 10$ _____

8. $y + 9 = 10$ _____

9. $9 + y = 18$ _____

10. $4 + y = 12$ _____

11. 7 + y = 16

12. y + 8 = 13

13. 9 + y = 14

14. 8 + y = 12

15. y + 1 = 5

16. y + 7 = 11

17. y + 7 = 15

18. y + 7 = 14

19. 9 + y = 17

20. y + 2 = 5

21. 3 + y = 11

22. y + 8 = 15

23. y + 2 = 11

24. y + 1 = 10

25. y + 1 = 3

26. y + 4 = 7

27. y + 6 = 8

28. 6 + y = 7

29. y + 9 = 12

30. 2 + y = 6

31. y + 1 = 4

32. 5 + y = 7

33. y + 3 = 7

34. 4 + y = 5

35. 1 + y = 7 ....

36. 3 + y = 9 ....

37. 1 + y = 6 ....

38. y + 5 = 13 ....

39. 8 + y = 14 ....

40. 8 + y = 11 ....

41. 1 + y = 2 ....

42. 7 + y = 8 ....

43. y + 3 = 10 ....

44. 6 + y = 15 ....

45. 2 + y = 4 ....

46. y + 7 = 10 ....

47. y + 2 = 10

48. 2 + y = 9

49. 7 + y = 9

50. 6 + y = 9

51. y + 9 = 13

52. 2 + y = 3

53. y + 4 = 6

54. 9 + y = 15

55. y + 5 = 10

56. 6 + y = 14

57. 4 + y = 10

58. y + 2 = 8

59. $y + 3 = 5$

60. $y + 6 = 12$

61. $9 + y = 11$

62. $3 + y = 4$

63. $y + 5 = 11$

64. $y + 6 = 13$

65. $y + 6 = 11$

66. $4 + y = 9$

67. $y + 7 = 12$

68. $5 + y = 6$

69. $5 + y = 8$

70. $y + 5 = 14$

71. $7 + y = 13$ .... 72. $y + 8 = 17$ ....

73. $5 + y = 9$ .... 74. $y + 1 = 9$ ....

75. $y + 4 = 11$ .... 76. $y + 8 = 16$ ....

77. $y + 1 = 8$ .... 78. $y + 3 = 6$ ....

79. $2 + y = 7$ .... 80. $4 + y = 13$ ....

81. $y + 6 = 10$ .... 82. $1 + y = 6$ ....

83. $y + 6 = 9$ _____   84. $y + 2 = 5$ _____

85. $y + 2 = 6$ _____   86. $9 + y = 10$ _____

87. $y + 1 = 7$ _____   88. $y + 2 = 3$ _____

89. $4 + y = 6$ _____   90. $y + 5 = 12$ _____

91. $y + 6 = 14$ _____   92. $y + 8 = 13$ _____

93. $y + 3 = 8$ _____   94. $7 + y = 9$ _____

95. y + 4 = 10

96. y + 3 = 7

97. 3 + y = 11

98. y + 9 = 15

99. 2 + y = 5

100. 3 + y = 8

101. y + 5 = 12

102. 2 + y = 10

103. 7 + y = 15

104. 7 + y = 16

105. 2 + y = 8

106. y + 9 = 17

107. $y + 6 = 7$ .... 108. $1 + y = 10$ ....

109. $4 + y = 5$ .... 110. $2 + y = 4$ ....

111. $4 + y = 8$ .... 112. $y + 9 = 12$ ....

113. $y + 9 = 14$ .... 114. $5 + y = 8$ ....

115. $y + 3 = 12$ .... 116. $2 + y = 7$ ....

117. $y + 9 = 16$ .... 118. $2 + y = 11$ ....

119. $6 + y = 11$ .... 120. $2 + y = 6$ ....

121. $2 + y = 5$ .... 122. $y + 8 = 9$ ....

123. $y + 3 = 7$ .... 124. $9 + y = 15$ ....

125. $8 + y = 17$ .... 126. $5 + y = 14$ ....

127. $3 + y = 11$ .... 128. $8 + y = 11$ ....

129. $y + 3 = 5$ .... 130. $y + 9 = 10$ ....

131. $5 + y = 9$

132. $y + 7 = 8$

133. $1 + y = 6$

134. $y + 9 = 18$

135. $y + 8 = 12$

136. $5 + y = 6$

137. $y + 6 = 13$

138. $y + 5 = 13$

139. $y + 3 = 10$

140. $3 + y = 6$

141. $2 + y = 9$

142. $2 + y = 3$

143. y + 8 = 15

144. y + 8 = 16

145. 1 + y = 2

146. y + 1 = 8

147. y + 4 = 11

148. y + 3 = 9

149. y + 4 = 13

150. 7 + y = 12

151. 1 + y = 3

152. 1 + y = 7

153. y + 1 = 5

154. y + 4 = 9

155. $y + 3 = 8$

156. $y + 8 = 14$

157. $6 + y = 15$

158. $y + 5 = 10$

159. $7 + y = 14$

160. $y + 8 = 10$

161. $y + 7 = 10$

162. $6 + y = 9$

163. $3 + y = 4$

164. $y + 4 = 12$

165. $5 + y = 7$

166. $6 + y = 12$

167. y + 7 = 9 ....   168. y + 7 = 11 ....

169. y + 5 = 11 ....   170. y + 6 = 8 ....

171. y + 4 = 7 ....   172. y + 1 = 4 ....

173. y + 9 = 11 ....   174. 9 + y = 13 ....

175. y + 4 = 10 ....   176. y + 6 = 14 ....

177. y + 1 = 9 ....   178. 4 + y = 6 ....

179. y + 8 = 13

180. 6 + y = 10

181. y + 7 = 13

182. 6 + y = 8

183. 2 + y = 9

184. y + 2 = 5

185. 6 + y = 14

186. y + 3 = 6

187. 1 + y = 2

188. 1 + y = 9

189. 8 + y = 9

190. y + 2 = 5

191. y + 7 = 13

192. y + 8 = 12

193. y + 4 = 8

194. y + 6 = 13

195. 7 + y = 8

196. y + 4 = 8

197. 2 + y = 8

198. y + 7 = 16

199. y + 3 = 8

200. y + 6 = 10

201. 5 + y = 11

202. y + 5 = 14

203. 6 + y = 14   204. y + 9 = 11

205. y + 2 = 11   206. y + 6 = 10

207. y + 3 = 11   208. y + 8 = 10

209. 1 + y = 9   210. 3 + y = 10

211. 5 + y = 6   212. y + 6 = 13

213. 6 + y = 11   214. 1 + y = 8

215. y + 8 = 15

216. y + 5 = 8

217. 8 + y = 16

218. y + 5 = 12

219. 7 + y = 10

220. 6 + y = 8

221. 3 + y = 8

222. 3 + y = 12

223. y + 3 = 7

224. 3 + y = 6

225. y + 3 = 5

226. y + 4 = 6

227. 2 + y = 7

228. 3 + y = 4

229. 6 + y = 7

230. 5 + y = 10

231. 7 + y = 9

232. y + 1 = 10

233. 4 + y = 8

234. 2 + y = 8

235. 2 + y = 3

236. y + 9 = 18

237. y + 8 = 14

238. y + 4 = 11

239. y + 6 = 15

240. 2 + y = 9

241. 1 + y = 5

242. y + 8 = 9

243. 4 + y = 12

244. 2 + y = 6

245. y + 1 = 6

246. 6 + y = 9

247. y + 4 = 13

248. 1 + y = 7

249. y + 8 = 17

250. 7 + y = 13

251. y + 4 = 7

252. y + 5 = 7

253. y + 3 = 9

254. 2 + y = 4

255. 7 + y = 8

256. 1 + y = 4

257. y + 2 = 10

258. y + 8 = 12

259. y + 2 = 5

260. y + 1 = 3

261. 7 + y = 16

262. 8 + y = 11

263. y + 9 = 14

264. 7 + y = 11

265. 9 + y = 10

266. 9 + y = 16

267. 9 + y = 12

268. y + 9 = 15

269. 4 + y = 10

270. 5 + y = 13

271. 6 + y = 12

272. y + 1 = 2

273. y + 7 = 12

274. y + 5 = 9

275. $8 + y = 13$

276. $y + 4 = 5$

277. $9 + y = 17$

278. $4 + y = 9$

279. $y + 7 = 15$

280. $y + 9 = 13$

281. $7 + y = 14$

282. $1 + y = 6$

283. $y + 5 = 7$

284. $y + 7 = 16$

285. $7 + y = 15$

286. $6 + y = 14$

287. $8 + y = 15$

288. $y + 3 = 7$

289. $9 + y = 17$

290. $5 + y = 7$

291. $y \div 1 = 5$

292. $y \div 6 = 6$

293. $y \div 5 = 8$

294. $4 \div y = 2$

295. $4 \div y = 4$

296. $y \div 8 = 7$

297. $72 \div y = 8$

298. $9 \div y = 1$

299. $16 \div y = 4$

300. $14 \div y = 2$

301. $10 \div y = 5$

302. $28 \div y = 4$

303. $y \div 2 = 6$

304. $40 \div y = 8$

305. $9 \div y = 9$

306. $15 \div y = 3$

307. $36 \div y = 9$

308. $24 \div y = 4$

309. $24 \div y = 6$

310. $18 \div y = 9$

311. $y \div 9 = 9$

312. $y \div 8 = 1$

313. $y \div 1 = 8$

314. $12 \div y = 3$

315. $16 \div y = 2$

316. $y \div 8 = 4$

317. $3 \div y = 3$

318. $y \div 2 = 9$

319. $y \div 5 = 4$

320. $56 \div y = 7$

321. $54 \div y = 6$

322. $28 \div y = 7$

323. $y \div 6 = 5$

324. $y \div 7 = 5$

325. $y \div 7 = 7$

326. $y \div 1 = 1$

327. $y \div 7 = 1$

328. $y \div 8 = 2$

329. $y \div 1 = 6$

330. $y \div 4 = 8$

331. $8 \div y = 2$

332. $y \div 4 = 2$

333. $y \div 6 = 2$

334. $20 \div y = 4$

335. y ÷ 3 = 3

336. 64 ÷ y = 8

337. 7 ÷ y = 1

338. 2 ÷ y = 1

339. 4 ÷ y = 1

340. y ÷ 6 = 7

341. y ÷ 2 = 5

342. y ÷ 7 = 2

343. 21 ÷ y = 3

344. 30 ÷ y = 5

345. 12 ÷ y = 4

346. y ÷ 7 = 9

347. $48 \div y = 6$ .... 348. $y \div 1 = 3$ ....

349. $y \div 2 = 1$ .... 350. $36 \div y = 4$ ....

351. $24 \div y = 8$ .... 352. $y \div 5 = 7$ ....

353. $15 \div y = 5$ .... 354. $48 \div y = 8$ ....

355. $24 \div y = 3$ .... 356. $18 \div y = 6$ ....

357. $6 \div y = 6$ .... 358. $42 \div y = 7$ ....

359. $45 \div y = 5$

360. $45 \div y = 9$

361. $y \div 3 = 9$

362. $54 \div y = 9$

363. $y \div 5 = 1$

364. $18 \div y = 3$

365. $25 \div y = 5$

366. $y \div 3 = 2$

367. $63 \div y = 9$

368. $6 \div y = 2$

369. $27 \div y = 9$

370. $y \div 7 = 3$

371. y ÷ 9 = 8

372. y ÷ 9 = 6

373. 48 ÷ y = 6

374. 24 ÷ y = 3

375. 15 ÷ y = 5

376. 7 ÷ y = 7

377. 63 ÷ y = 7

378. y ÷ 5 = 5

379. y ÷ 7 = 5

380. y ÷ 5 = 9

Solve for the variable.

381. 4x = 40 − x

382. 5x = 48 − x

383. 7x = 24 - x

384. 8x = 42 + x

385. 8x = 45 - x

386. 8x = 21 + x

387. 27 - x = 8x

388. 10 + x = 6x

389. 28 + x = 8x

390. 30 - x = 4x

391. 5x = 28 + x

392. 81 - x = 8x

393. 7x = 24 + x

394. 2x = 15 - x

395. 3x = 12 - x

396. 30 - x = 4x

397. 4 + x = 2x

398. 4 + x = 3x

399. 63 + x = 8x

400. 6 + x = 3x

401. 40 - x = 4x

402. 7x = 42 + x

403. 30 + x = 7x

404. 9 + x = 2x

405. 16 - x = 3x

406. 7x = 56 - x

407. 2x = 7 + x

408. 4x = 20 - x

409. 3x = 16 + x

410. 7x = 48 + x

411. 42 + x = 7x

412. 4x = 27 + x

413. 5x = 12 - x

414. 2x = 8 + x

415. 5x = 24 + x

416. 49 + x = 8x

417. 36 + x = 5x

418. 18 - x = 2x

419. 8x = 27 - x

420. 4x = 6 + x

421. 8x = 18 - x

422. 6x = 28 - x

423. 7x = 72 - x

424. 36 - x = 3x

425. 63 - x = 8x

426. 8x = 42 + x

427. 12 - x = 5x

428. 18 + x = 7x

429. 16 + x = 5x

430. 3x = 20 - x

431. 35 - x = 4x

432. 4x = 12 + x

433. 2x = 8 + x

434. 5x = 8 + x

435. 6x = 25 + x

436. 3x = 20 - x

437. 16 - x = 7x

438. 6x = 56 - x

439. 2x = 3 + x

440. 7x = 72 - x

441. 3x = 12 + x

442. 5x = 36 - x

443. 7x = 40 - x

444. 35 - x = 6x

445. 15 - x = 2x

446. 35 + x = 8x

447. 8x = 35 + x

448. 5 + x = 2x

449. 7x = 54 + x

450. 5x = 12 - x

451. 8 + x = 3x

452. 5x = 42 - x

453. 4x = 9 + x

454. 6 + x = 4x

455. 5x = 20 + x

456. 18 - x = 5x

457. 36 + x = 7x

458. 63 - x = 6x

459. 14 + x = 3x

460. 8x = 81 - x

461. 15 - x = 2x

462. 6x = 30 + x

463. 14 - x = 6x

464. 56 - x = 7x

465. 18 - x = 2x

466. 6x = 30 + x

467. 18 + x = 4x

468. 40 + x = 6x

469. 6x = 35 - x

470. 7x = 54 + x

471. 12 - x = 5x

472. 4x = 15 + x

473. 21 + x = 8x

474. 18 - x = 2x

475. 10 + x = 6x

476. 5x = 12 - x

477. 35 + x = 8x

478. 15 - x = 4x

479. 3x = 14 + x

480. 12 + x = 3x

481. 6,512 ÷ y = 74

482. 3,080 ÷ y = 44

483. y ÷ 88 = 70

484. 9 ÷ y = 1

485. 29 ÷ y = 29

486. 2,964 ÷ y = 78

487. 4,425 ÷ y = 75

488. 4,828 ÷ y = 68

489. y ÷ 49 = 28

490. 4,380 ÷ y = 60

491. 4,150 ÷ y = 83

492. 4,189 ÷ y = 71

493. 912 ÷ y = 24

494. 4,800 ÷ y = 80

495. y ÷ 4 = 34

496. y ÷ 11 = 46

497. y ÷ 74 = 17

498. 1,022 ÷ y = 14

499. 79 ÷ y = 79

500. 4,312 ÷ y = 88

501. 1,378 ÷ y = 26

502. y ÷ 75 = 48

503. 1,550 ÷ y = 31

504. y ÷ 71 = 27

505. 1,150 ÷ y = 50

506. y ÷ 65 = 61

507. 3,320 ÷ y = 83

508. y ÷ 39 = 59

509. 4,312 ÷ y = 56

510. 3,120 ÷ y = 52

511. 450 ÷ y = 90

512. y ÷ 48 = 21

513. y ÷ 54 = 75

514. y ÷ 86 = 16

515. 2,580 ÷ y = 60

516. y ÷ 89 = 28

517. y ÷ 12 = 71

518. 5,440 ÷ y = 68

519. y ÷ 80 = 26

520. 841 ÷ y = 29

521. 5,720 ÷ y = 65

522. y ÷ 80 = 64

523. 3,024 ÷ y = 36

524. y ÷ 23 = 88

525. 3,186 ÷ y = 54

526. y ÷ 51 = 71

527. 7,110 ÷ y = 90

528. y ÷ 52 = 72

529. y ÷ 49 = 66

530. 156 ÷ y = 2

531. y ÷ 22 = 20

532. 132 ÷ y = 2

533. 7,304 ÷ y = 88

534. y ÷ 76 = 18

535. 689 ÷ y = 13

536. 6,320 ÷ y = 79

537. y ÷ 57 = 47

538. 784 ÷ y = 28

539. y ÷ 76 = 6

540. 22 ÷ y = 22

541. 1,848 ÷ y = 22

542. y ÷ 65 = 58

543. y ÷ 54 = 68

544. y ÷ 24 = 73

545. y ÷ 32 = 85

546. 150 ÷ y = 15

547. 690 ÷ y = 23

548. 4,536 ÷ y = 63

549. y ÷ 81 = 31

550. 323 ÷ y = 17

551. $40 \div y = 2$

552. $y \div 40 = 22$

553. $598 \div y = 46$

554. $1{,}332 \div y = 74$

555. $120 \div y = 30$

556. $y \div 74 = 65$

557. $y \div 6 = 67$

558. $220 \div y = 4$

559. $y \div 6 = 19$

560. $y \div 16 = 5$

561. $y \div 78 = 72$

562. $2{,}555 \div y = 73$

563. y ÷ 22 = 58

564. 3,240 ÷ y = 72

565. 676 ÷ y = 52

566. y ÷ 63 = 50

567. y ÷ 87 = 77

568. 924 ÷ y = 66

569. 2,701 ÷ y = 73

570. 390 ÷ y = 39

571. y × 3 = 63

572. 86 × y = 6,536

573. y × 60 = 660

574. y × 51 = 3,264

575. $17 \times y = 1{,}241$ 　　　　　　576. $81 \times y = 5{,}751$

577. $y \times 48 = 1{,}104$ 　　　　　　578. $19 \times y = 247$

579. $y \times 82 = 2{,}542$ 　　　　　　580. $62 \times y = 4{,}154$

581. $y \times 58 = 406$ 　　　　　　582. $y \times 78 = 5{,}226$

583. $89 \times y = 1{,}335$ 　　　　　　584. $75 \times y = 6{,}375$

585. $y \times 42 = 1{,}344$ 　　　　　　586. $24 \times y = 2{,}160$

587. y × 11 = 77

588. 21 × y = 630

589. 9 × y = 612

590. 58 × y = 4,756

591. 38 × y = 152

592. 53 × y = 3,763

593. 60 × y = 1,260

594. y × 9 = 9

595. 60 × y = 3,360

596. y × 80 = 4,400

597. y × 14 = 168

598. y × 31 = 2,387

599. 80 × y = 6,160

600. y × 58 = 1,972

601. 62 × y = 5,022

602. y × 36 = 2,196

603. y × 83 = 7,221

604. y × 15 = 915

605. 66 × y = 4,224

606. 60 × y = 1,680

607. 57 × y = 1,995

608. y × 65 = 3,575

609. 61 × y = 2,257

610. y × 4 = 120

611. 71 × y = 213

612. 61 × y = 3,233

613. y × 85 = 3,655

614. y × 43 = 1,892

615. y × 24 = 1,632

616. y × 20 = 180

617. 86 × y = 6,880

618. 51 × y = 4,284

619. y × 41 = 1,599

620. 13 × y = 299

621. y × 90 = 2,070

622. y × 10 = 70

623. y × 66 = 4,356 _____   624. y × 87 = 1,914 _____

625. y × 60 = 4,560 _____   626. 22 × y = 1,254 _____

627. 64 × y = 640 _____   628. y × 74 = 296 _____

629. 55 × y = 1,595 _____   630. y × 70 = 840 _____

631. 7 × y = 98 _____   632. 19 × y = 817 _____

633. 16 × y = 1,424 _____   634. 75 × y = 2,400 _____

635. y × 56 = 1,568 _____   636. 53 × y = 3,657 _____

637. 44 × y = 2,860 _____   638. y × 19 = 513 _____

639. y × 57 = 2,793 _____   640. 54 × y = 3,942 _____

641. 60 × y = 1,500 _____   642. y × 6 = 516 _____

643. y × 46 = 2,760 _____   644. 53 × y = 1,060 _____

645. 70 × y = 2,240 _____   646. y × 71 = 5,183 _____

647. 6 × y = 246

648. y × 57 = 3,762

649. 46 × y = 1,288

650. y × 81 = 3,969

651. 49 × y = 1,911

652. y × 86 = 3,612

653. y × 21 = 777

654. 41 × y = 1,189

655. 26 × y = 2,080

656. y × 80 = 7,200

657. y × 65 = 4,810

658. y × 61 = 2,623

659. y × 46 = 1,104

660. 39 × y = 1,872

661. 2 + y = 72

662. y + 2 = 30

663. y + 45 = 92

664. y + 62 = 127

665. 63 + y = 126

666. y + 9 = 36

667. y + 56 = 79

668. 54 + y = 135

669. y + 72 = 97

670. 62 + y = 114

671. $21 + y = 51$

672. $y + 50 = 105$

673. $68 + y = 141$

674. $40 + y = 70$

675. $y + 50 = 55$

676. $64 + y = 100$

677. $y + 29 = 113$

678. $34 + y = 60$

679. $40 + y = 89$

680. $y + 57 = 128$

681. $y + 88 = 119$

682. $84 + y = 168$

683. y + 55 = 111

684. 81 + y = 125

685. 51 + y = 56

686. 80 + y = 159

687. 46 + y = 123

688. y + 72 = 153

689. 8 + y = 68

690. y + 15 = 103

691. y + 29 = 52

692. y + 70 = 130

693. 21 + y = 85

694. y + 59 = 90

695. 42 + y = 111

696. 9 + y = 73

697. 47 + y = 115

698. y + 63 = 148

699. 34 + y = 101

700. 7 + y = 18

701. 56 + y = 136

702. 62 + y = 110

703. 48 + y = 111

704. 63 + y = 117

705. y + 52 = 60

706. 10 + y = 100

707. y + 4 = 60

708. y + 3 = 48

709. y + 8 = 48

710. y + 3 = 57

711. y + 58 = 133

712. y + 2 = 27

713. y + 40 = 104

714. 80 + y = 140

715. 57 + y = 93

716. 30 + y = 48

717. 60 + y = 113

718. 13 + y = 22

719. $5 + y = 28$ _____ 720. $y + 27 = 51$ _____

721. $y + 66 = 105$ _____ 722. $39 + y = 43$ _____

723. $63 + y = 139$ _____ 724. $y + 49 = 137$ _____

725. $y + 11 = 72$ _____ 726. $86 + y = 144$ _____

727. $12 + y = 20$ _____ 728. $y + 24 = 66$ _____

729. $y + 12 = 37$ _____ 730. $y + 66 = 101$ _____

731. 12 + y = 93

732. 48 + y = 133

733. y + 52 = 139

734. y + 83 = 158

735. y + 71 = 83

736. y + 10 = 84

737. y + 46 = 64

738. 57 + y = 127

739. 7 + y = 72

740. 8 + y = 39

741. y + 58 = 135

742. y + 28 = 93

743. y + 41 = 64

744. 18 + y = 41

745. y + 66 = 96

746. y + 38 = 54

747. 23 + y = 62

748. 47 + y = 116

749. y + 27 = 117

750. y + 69 = 148

751. 27 − y = 11

752. y − 10 = 59

753. y − 22 = 36

754. 80 − y = 26

755. y - 6 = 83

756. y - 7 = 34

757. 74 - y = 32

758. y - 8 = 42

759. y - 31 = 31

760. 46 - y = 3

761. 87 - y = 37

762. 56 - y = 1

763. 63 - y = 27

764. 84 - y = 34

765. y - 54 = 27

766. y - 5 = 8

767. 64 - y = 8

768. 65 - y = 59

769. 83 - y = 21

770. y - 2 = 7

771. y - 7 = 78

772. 30 - y = 22

773. 28 - y = 3

774. 49 - y = 41

775. 73 - y = 15

776. 90 - y = 61

777. y - 16 = 10

778. 84 - y = 31

779. y − 66 = 5

780. 15 − y = 8

781. 20 − y = 7

782. y − 57 = 1

783. y − 46 = 30

784. 16 − y = 1

785. 23 − y = 21

786. y − 76 = 7

787. y − 16 = 32

788. y − 31 = 35

789. 88 − y = 67

790. y − 6 = 29

791. 51 - y = 19

792. 77 - y = 70

793. y - 52 = 15

794. y - 16 = 55

795. y - 36 = 18

796. y - 16 = 55

797. 37 - y = 4

798. 38 - y = 8

799. y - 41 = 19

800. 64 - y = 56

801. 27 - y = 15

802. y - 35 = 13

803. y − 48 = 1

804. 43 − y = 20

805. 87 − y = 26

806. 49 − y = 6

807. y − 46 = 11

808. y − 7 = 25

809. 29 − y = 4

810. 90 − y = 8

811. 11 − y = 6

812. 39 − y = 35

813. y − 49 = 14

814. y − 52 = 16

815. 7 - y = 4

816. y - 53 = 37

817. 86 - y = 79

818. y - 25 = 2

819. 29 - y = 1

820. 40 - y = 33

821. 89 - y = 7

822. y - 60 = 17

823. y - 29 = 15

824. y - 39 = 29

825. y - 21 = 69

826. y - 47 = 39

827. y - 33 = 50

828. y - 33 = 50

829. 82 - y = 46

830. y - 51 = 2

831. y - 46 = 20

832. 78 - y = 59

833. 25 - y = 8

834. y - 15 = 40

835. y - 56 = 22

836. 39 - y = 27

837. y - 3 = 66

838. y - 64 = 3

839. 73 - y = 59

840. 77 - y = 24

2 step equations

Solve for the variable.

841. 13 + x = 6 + 2x

842. 23 - x = 5 + 5x

843. 4x + 8 = 29 + x

844. 27 - x = 6 + 6x

845. 4x + 7 = 25 + x

846. 7 + 8x = 28 + x

847. 70 - x = 7 + 8x

848. 60 - x = 6x + 4

849. 20 - x = 5x + 2

850. 4 + 8x = 53 + x

851. 5 + 8x = 61 + x

852. 4x + 9 = 33 + x

853. 54 - x = 7x + 6

854. 32 + x = 2 + 7x

855. 9 + 3x = 29 - x

856. 6x + 2 = 44 - x

857. 30 - x = 4x + 5

858. 9 + 8x = 37 + x

859. $15 + x = 7x + 3$

860. $6 + x = 4 + 2x$

861. $6 + 4x = 51 - x$

862. $52 + x = 6x + 7$

863. $37 - x = 7 + 5x$

864. $35 - x = 3x + 3$

865. $2x + 7 = 19 - x$

866. $5x + 9 = 21 + x$

867. $34 - x = 3x + 2$

868. $3x + 2 = 6 + x$

869. $2x + 5 = 9 + x$

870. $7x + 8 = 40 - x$

871. $3x + 5 = 33 - x$

872. $3 + 5x = 21 - x$

873. $10 + x = 2 + 3x$

874. $8 + 8x = 71 + x$

875. $47 - x = 4x + 7$

876. $2x + 5 = 32 - x$

877. $13 + x = 4 + 2x$

878. $5 + 2x = 11 + x$

879. $3 + 7x = 43 - x$ .... 880. $42 - x = 6 + 8x$ ....

881. $5x + 2 = 56 - x$ .... 882. $3 + 3x = 19 - x$ ....

883. $3 + 7x = 57 + x$ .... 884. $30 - x = 3x + 2$ ....

885. $4 + 8x = 58 - x$ .... 886. $2x + 3 = 10 + x$ ....

887. $4 + 5x = 22 - x$ .... 888. $33 - x = 4x + 3$ ....

889. $7 + 8x = 21 + x$

890. $19 - x = 2x + 4$

891. $8 + 8x = 80 - x$

892. $50 + x = 8x + 8$

893. $8 + 6x = 18 + x$

894. $4 + 7x = 28 + x$

895. $6 + 5x = 14 + x$

896. $38 + x = 7x + 8$

897. $38 + x = 6 + 5x$

898. $11 + x = 5 + 4x$

899. $36 + x = 7x + 6$

900. $18 + x = 9 + 2x$

901. $7x + 8 = 26 + x$

902. $21 + x = 9 + 3x$

903. $58 + x = 9 + 8x$

904. $15 - x = 9 + 2x$

905. $54 - x = 6x + 5$

906. $29 + x = 5x + 9$

907. $18 + x = 5x + 2$

908. $4x + 6 = 24 + x$

909. $8x + 7 = 35 + x$

910. $11 + x = 9 + 2x$

911. $16 - x = 4x + 6$

912. $47 - x = 6x + 5$

913. $3x + 5 = 37 - x$

914. $6 + 6x = 69 - x$

915. $2 + 5x = 30 + x$

916. $21 + x = 9 + 3x$

917. $42 - x = 3x + 6$

918. $20 - x = 2x + 8$

919. $9 + x = 2x + 6$

920. $5 + 5x = 29 + x$

921. $17 - x = 5 + 5x$

922. $7x + 8 = 72 - x$

923. $45 - x = 6x + 3$

924. $6 + 5x = 18 - x$

925. $23 - x = 4x + 3$

926. $40 + x = 4 + 5x$

927. $4x + 3 = 28 - x$

928. $3 + 8x = 66 + x$

929. $37 + x = 5x + 5$

930. $18 + x = 2x + 9$

931. $35 + x = 5x + 7$

932. $79 - x = 7 + 8x$

933. $22 + x = 4 + 4x$

934. $5x + 8 = 44 + x$

935. $71 + x = 8 + 8x$

936. $2 + 5x = 26 - x$

937. $66 - x = 7x + 2$

938. $8 + 7x = 32 + x$

939. 12 + x = 6 + 2x

940. 36 - x = 2x + 9

Solve for the variable.

941. 52 - x + 14 = 5 + 5x + 7

942. 65 - x = 9 + 8x + 2

943. 65 - x + 14 = 9 + 7x + 6

944. 72 + x + −6 = 9 + 7x + 3

945. 18 + x + 2 = 3 + 5x + 5

946. 11 - x + 7 = 2 + 3x + 4

947. 5 + 3x + 7 = 28 - x + 12

948. 14 + x + 0 = 2 + 6x + 2

949. 32 + x + −6 = 3 + 3x + 5 ....

950. 36 − x = 8 + 7x + 4 ....

951. 5 + 7x + 4 = 33 + x ....

952. 6 + 7x + 7 = 48 − x + 13 ....

953. 6 + 7x + 7 = 34 + x + 3 ....

954. 8 + 2x + 8 = 23 + x ....

955. 17 − x + 12 = 9 + 3x + 8 ....

956. 29 − x = 9 + 4x + 5 ....

957. 18 − x + 9 = 7 + 7x + 4 ....

958. 30 − x = 8 + 7x + 6 ....

959. $44 - x + 12 = 9 + 5x + 5$

960. $40 + x = 7 + 6x + 3$

961. $9 + 8x + 7 = 30 + x$

962. $5 + 2x + 2 = 22 - x$

963. $9 + 7x + 7 = 40 - x$

964. $32 + x + -2 = 7 + 5x + 3$

965. $46 - x = 6 + 6x + 5$

966. $9 + 2x + 7 = 40 - x$

967. $3 + 6x + 2 = 30 + x$

968. $51 - x + 15 = 6 + 5x + 6$

969. 18 - x + 14 = 7 + 2x + 4

970. 8 + 6x + 6 = 36 + x + 3

971. 3 + 5x + 7 = 37 + x + –3

972. 8 + 2x + 2 = 18 + x + –3

973. 9 + 6x + 2 = 21 - x + 4

974. 3 + 8x + 6 = 36 - x

975. 62 - x = 4 + 5x + 4

976. 50 - x + 13 = 5 + 6x + 2

977. 6 + 2x + 6 = 22 + x + –2

978. 43 - x = 6 + 3x + 5

979. $5 + 3x + 5 = 18 - x$

980. $92 - x = 9 + 8x + 2$

981. $4 + 7x + 4 = 60 - x + 12$

982. $7 + 5x + 2 = 37 + x$

983. $29 + x + 4 = 9 + 4x + 9$

984. $20 - x + 9 = 2 + 2x + 6$

985. $4 + 6x + 3 = 57 - x + 13$

986. $6 + 8x + 5 = 39 + x$

987. $30 + x = 3 + 6x + 7$

988. $6 + 6x + 4 = 40 + x$

989. 32 − x + 10 = 8 + 4x + 4

990. 6 + 7x + 4 = 20 + x + 2

991. 28 − x + 13 = 9 + 5x + 8

992. 3 + 2x + 2 = 7 + x + 0

993. 2 + 7x + 2 = 28 + x

994. 8 + 2x + 4 = 39 − x

995. 7 + 8x + 3 = 67 − x + 15

996. 8 + 6x + 6 = 56 + x + −2

997. 17 + x + −4 = 5 + 2x + 2

998. 23 + x = 3 + 3x + 6

999. $61 + x = 7 + 8x + 5$

1000. $44 - x + 13 = 2 + 7x + 7$

1001. $29 + x + 4 = 7 + 8x + 5$

1002. $19 + x + -3 = 2 + 3x + 4$

1003. $3 + 8x + 3 = 35 - x + 7$

1004. $4 + 4x + 9 = 25 + x$

1005. $16 + x + 1 = 8 + 2x + 2$

1006. $4 + 7x + 4 = 32 + x + 0$

1007. $9 + 4x + 9 = 42 + x$

1008. $43 - x + 12 = 7 + 6x + 6$

1009. $3 + 4x + 8 = 46 - x$

1010. $22 - x + 11 = 7 + 3x + 6$

1011. $37 - x = 5 + 2x + 5$

1012. $2 + 6x + 3 = 21 + x + -1$

1013. $25 - x = 2 + 7x + 7$

1014. $11 + x = 6 + 2x + 3$

1015. $6 + 5x + 9 = 51 + x + 0$

1016. $8 + 5x + 7 = 33 - x$

1017. $17 + x = 6 + 2x + 2$

1018. $7 + 7x + 6 = 55 + x + 0$

1019. $23 + x + -1 = 6 + 2x + 9$

1020. $2 + 7x + 4 = 37 - x + 9$

1021. $24 + x + -1 = 4 + 4x + 4$

1022. $30 + x + -2 = 6 + 3x + 6$

1023. $52 - x = 7 + 7x + 5$

1024. $51 - x = 4 + 4x + 2$

1025. $22 + x = 6 + 4x + 7$

1026. $69 + x = 9 + 7x + 6$

1027. $5 + 7x + 7 = 28 - x$

1028. $5 + 2x + 4 = 17 + x$

1029. $7 + 7x + 2 = 33 + x$

1030. $7 + 2x + 2 = 13 - x + 5$

1031. $4 + 5x + 8 = 42 - x$

1032. $37 - x + 13 = 9 + 7x + 9$

1033. $39 + x = 3 + 7x + 6$

1034. $5 + 2x + 4 = 9 - x + 6$

1035. $3 + 5x + 5 = 32 - x$

1036. $19 + x + 1 = 7 + 6x + 3$

1037. $9 + x + 5 = 8 + 2x + 3$

1038. $2 + 3x + 4 = 26 - x$

1039. 5 + 7x + 3 = 54 + x + –4

1040. 50 - x + 13 = 4 + 5x + 5

Solve for the variable.

1041. 121 - 7x = 9x + 9

1042. 9 + 9x = 94 - 8x

1043. 25 + 6x = 9x + 7

1044. 116 - 5x = 4 + 9x

1045. 13 + 5x = 6x + 6

1046. 9x + 5 = 93 - 2x

1047. 3 + 7x = 47 - 4x

1048. 9x + 8 = 8x + 17

1049. 63 - 2x = 5x + 7

1050. 39 - 2x = 3x + 4

1051. 113 - 7x = 8x + 8

1052. 162 - 8x = 9x + 9

1053. 112 - 4x = 8x + 4

1054. 105 - 5x = 9x + 7

1055. 52 - 3x = 2 + 7x

1056. 8 + 9x = 8x + 16

1057. 4 + 4x = 40 - 2x

1058. 8x + 9 = 9x + 4

1059. 4x + 31 = 3 + 8x

1060. 76 − 6x = 8x + 6

1061. 6x + 16 = 7x + 7

1062. 2 + 8x = 7x + 6

1063. 7 + 9x = 4x + 27

1064. 3x + 28 = 9x + 4

1065. 9 + 7x = 24 + 2x

1066. 6x + 3 = 3x + 30

1067. 6 + 7x = 5x + 18

1068. 8x + 17 = 9 + 9x

1069. 24 − 4x = 6x + 4

1070. 9x + 5 = 3x + 59

1071. 6 + 9x = 54 − 3x

1072. 7 + 8x = 43 − 4x

1073. 33 + 3x = 8 + 8x

1074. 32 − 6x = 9x + 2

1075. 25 − 2x = 7x + 7

1076. 5 + 6x = 2 + 7x

1077. 8 + 9x = 8x + 12

1078. 7x + 8 = 17 + 4x

1079. 7 + 9x = 92 - 8x

1080. 8x + 2 = 68 - 3x

1081. 2 + 9x = 6x + 26

1082. 3x + 15 = 5 + 5x

1083. 5 + 8x = 95 - 7x

1084. 7x + 2 = 110 - 5x

1085. 8x + 3 = 6 + 7x

1086. 8x + 5 = 6x + 9

1087. 3 + 6x = 58 - 5x

1088. 11 + 3x = 3 + 7x

1089. 7 + 8x = 9x + 4

1090. 5 + 9x = 53 - 3x

1091. 9x + 6 = 8x + 15

1092. 9x + 9 = 4x + 39

1093. 86 - 4x = 6x + 6

1094. 110 - 7x = 5 + 8x

1095. 8x + 6 = 51 - 7x

1096. 6 + 4x = 20 - 3x

1097. 11 + 7x = 9x + 5

1098. 5x + 3 = 75 - 4x

1099. 5x + 9 = 41 − 3x

1100. 51 − 3x = 3 + 5x

1101. 5x + 8 = 22 − 2x

1102. 9x + 9 = 4x + 19

1103. 2 + 9x = 9 + 8x

1104. 110 − 8x = 9x + 8

1105. 4 + 7x = 34 − 3x

1106. 4x + 8 = 50 − 2x

1107. 9 + 7x = 8x + 3

1108. 9x + 9 = 145 − 8x

1109. 5x + 30 = 3 + 8x

1110. 4x + 3 = 2x + 15

1111. 31 + 3x = 3 + 7x

1112. 8 + 7x = 6x + 14

1113. 9x + 5 = 12 + 8x

1114. 6 + 9x = 40 − 8x

1115. 88 − 2x = 7x + 7

1116. 71 − 4x = 9x + 6

1117. 5x + 3 = 2x + 15

1118. 15 + 4x = 7x + 3

1119. 49 - 3x = 4 + 6x

1120. 6x + 7 = 34 - 3x

1121. 7x + 9 = 30 + 4x

1122. 8x + 7 = 9x + 3

1123. 4x + 33 = 7x + 6

1124. 7 + 9x = 13 + 8x

1125. 2 + 3x = 7 + 2x

1126. 44 - 3x = 4x + 2

1127. 7 + 8x = 11 + 6x

1128. 4x + 4 = 32 - 3x

1129. 39 − 2x = 7 + 6x

1130. 103 − 5x = 7x + 7

1131. 50 + 3x = 5 + 8x

1132. 37 + 2x = 7 + 7x

1133. 52 − 2x = 9x + 8

1134. 100 − 7x = 4 + 9x

1135. 57 − 8x = 6 + 9x

1136. 109 − 8x = 7 + 9x

1137. 4x + 2 = 44 − 2x

1138. 9 + 9x = 105 − 7x

1139. 6x + 7 = 4x + 25 .... 1140. 8 + 8x = 143 − 7x ....

ANSWERS

Page 1: Pre-Algebra Equations (One Side)

1. y = 7   2. y = 4   3. y = 1   4. y = 9   5. y = 7   6. y = 5   7. y = 2   8. y = 1
9. y = 9   10. y = 8   11. y = 9   12. y = 5   13. y = 5   14. y = 4   15. y = 4   16. y = 4
17. y = 8   18. y = 7   19. y = 8   20. y = 3   21. y = 8   22. y = 7   23. y = 9   24. y = 9
25. y = 2   26. y = 3   27. y = 2   28. y = 1   29. y = 3   30. y = 4   31. y = 3   32. y = 2
33. y = 4   34. y = 1   35. y = 6   36. y = 6   37. y = 5   38. y = 8   39. y = 6   40. y = 3
41. y = 1   42. y = 1   43. y = 7   44. y = 9   45. y = 2   46. y = 3   47. y = 8   48. y = 7
49. y = 2   50. y = 3   51. y = 4   52. y = 1   53. y = 2   54. y = 6   55. y = 5   56. y = 8
57. y = 6   58. y = 6   59. y = 2   60. y = 6   61. y = 2   62. y = 1   63. y = 6   64. y = 7
65. y = 5   66. y = 5   67. y = 5   68. y = 1   69. y = 3   70. y = 9   71. y = 6   72. y = 9
73. y = 4   74. y = 8   75. y = 7   76. y = 8   77. y = 7   78. y = 3   79. y = 5   80. y = 9
81. y = 4   82. y = 5   83. y = 3   84. y = 3   85. y = 4   86. y = 1   87. y = 6   88. y = 1
89. y = 2   90. y = 7   91. y = 8   92. y = 5   93. y = 5   94. y = 2   95. y = 6   96. y = 4
97. y = 8   98. y = 6   99. y = 3   100. y = 5

Page 9: Pre-Algebra Equations (One Side)

101. y = 7   102. y = 8   103. y = 8   104. y = 9   105. y = 6   106. y = 8   107. y = 1

Poppy's Homework Studio ©   - 101 -   Pre Algebra

108. y = 9	109. y = 1	110. y = 2	111. y = 4	112. y = 3	113. y = 5	114. y = 3
115. y = 9	116. y = 5	117. y = 7	118. y = 9	119. y = 5	120. y = 4	121. y = 3
122. y = 1	123. y = 4	124. y = 6	125. y = 9	126. y = 9	127. y = 8	128. y = 3
129. y = 2	130. y = 1	131. y = 4	132. y = 1	133. y = 5	134. y = 9	135. y = 4
136. y = 1	137. y = 7	138. y = 8	139. y = 7	140. y = 3	141. y = 7	142. y = 1
143. y = 7	144. y = 8	145. y = 1	146. y = 7	147. y = 7	148. y = 6	149. y = 9
150. y = 5	151. y = 2	152. y = 6	153. y = 4	154. y = 5	155. y = 5	156. y = 6
157. y = 9	158. y = 5	159. y = 7	160. y = 2	161. y = 3	162. y = 3	163. y = 1
164. y = 8	165. y = 2	166. y = 6	167. y = 2	168. y = 4	169. y = 6	170. y = 2
171. y = 3	172. y = 3	173. y = 2	174. y = 4	175. y = 6	176. y = 8	177. y = 8
178. y = 2	179. y = 5	180. y = 4	181. y = 6	182. y = 2	183. y = 7	184. y = 3
185. y = 8	186. y = 3	187. y = 1	188. y = 8	189. y = 1	190. y = 3	191. y = 6
192. y = 4	193. y = 4	194. y = 7	195. y = 1	196. y = 4	197. y = 6	198. y = 9
199. y = 5	200. y = 4					

Page 17: Pre-Algebra Equations (One Side)

201. y = 6	202. y = 9	203. y = 8	204. y = 2	205. y = 9	206. y = 4	207. y = 8
208. y = 2	209. y = 8	210. y = 7	211. y = 1	212. y = 7	213. y = 5	214. y = 7
215. y = 7	216. y = 3	217. y = 8	218. y = 7	219. y = 3	220. y = 2	221. y = 5
222. y = 9	223. y = 4	224. y = 3	225. y = 2	226. y = 2	227. y = 5	228. y = 1
229. y = 1	230. y = 5	231. y = 2	232. y = 9	233. y = 4	234. y = 6	235. y = 1
236. y = 9	237. y = 6	238. y = 7	239. y = 9	240. y = 7	241. y = 4	242. y = 1
243. y = 8	244. y = 4	245. y = 5	246. y = 3	247. y = 9	248. y = 6	249. y = 9
250. y = 6	251. y = 3	252. y = 2	253. y = 6	254. y = 2	255. y = 1	256. y = 3
257. y = 8	258. y = 4	259. y = 3	260. y = 2	261. y = 9	262. y = 3	263. y = 5
264. y = 4	265. y = 1	266. y = 7	267. y = 3	268. y = 6	269. y = 6	270. y = 8
271. y = 6	272. y = 1	273. y = 5	274. y = 4	275. y = 5	276. y = 1	277. y = 8
278. y = 5	279. y = 8	280. y = 4	281. y = 7	282. y = 5	283. y = 2	284. y = 9
285. y = 8	286. y = 8	287. y = 7	288. y = 4	289. y = 8	290. y = 2	

Page 25: Pre-Algebra Equations (One Side)

291. y = 5	292. y = 36	293. y = 40	294. y = 2	295. y = 1	296. y = 56

297. y = 9   298. y = 9   299. y = 4   300. y = 7   301. y = 2   302. y = 7
303. y = 12   304. y = 5   305. y = 1   306. y = 5   307. y = 4   308. y = 6
309. y = 4   310. y = 2   311. y = 81   312. y = 8   313. y = 8   314. y = 4
315. y = 8   316. y = 32   317. y = 1   318. y = 18   319. y = 20   320. y = 8
321. y = 9   322. y = 4   323. y = 30   324. y = 35   325. y = 49   326. y = 1
327. y = 7   328. y = 16   329. y = 6   330. y = 32   331. y = 4   332. y = 8
333. y = 12   334. y = 5   335. y = 9   336. y = 8   337. y = 7   338. y = 2
339. y = 4   340. y = 42   341. y = 10   342. y = 14   343. y = 7   344. y = 6
345. y = 3   346. y = 63   347. y = 8   348. y = 3   349. y = 2   350. y = 9
351. y = 3   352. y = 35   353. y = 3   354. y = 6   355. y = 8   356. y = 3
357. y = 1   358. y = 6   359. y = 9   360. y = 5   361. y = 27   362. y = 6
363. y = 5   364. y = 6   365. y = 5   366. y = 6   367. y = 7   368. y = 3
369. y = 3   370. y = 21   371. y = 72   372. y = 54   373. y = 8   374. y = 8
375. y = 3   376. y = 1   377. y = 9   378. y = 25   379. y = 35   380. y = 45

Page 32: Pre-Algebra Equations (Two Sides)

381. x = 8   382. x = 8   383. x = 3   384. x = 6   385. x = 5   386. x = 3   387. x = 3
388. x = 2   389. x = 4   390. x = 6   391. x = 7   392. x = 9   393. x = 4   394. x = 5
395. x = 3   396. x = 6   397. x = 4   398. x = 2   399. x = 9   400. x = 3   401. x = 8
402. x = 7   403. x = 5   404. x = 9   405. x = 4   406. x = 7   407. x = 7   408. x = 4
409. x = 8   410. x = 8   411. x = 7   412. x = 9   413. x = 2   414. x = 8   415. x = 6
416. x = 7   417. x = 9   418. x = 6   419. x = 3   420. x = 2   421. x = 2   422. x = 4
423. x = 9   424. x = 9   425. x = 7   426. x = 6   427. x = 2   428. x = 3   429. x = 4
430. x = 5   431. x = 7   432. x = 4   433. x = 8   434. x = 2   435. x = 5   436. x = 5
437. x = 2   438. x = 8   439. x = 3   440. x = 9   441. x = 6   442. x = 6   443. x = 5
444. x = 5   445. x = 5   446. x = 5   447. x = 5   448. x = 5   449. x = 9   450. x = 2
451. x = 4   452. x = 7   453. x = 3   454. x = 2   455. x = 5   456. x = 3   457. x = 6
458. x = 9   459. x = 7   460. x = 9   461. x = 5   462. x = 6   463. x = 2   464. x = 7
465. x = 6   466. x = 6   467. x = 6   468. x = 8   469. x = 5   470. x = 9   471. x = 2
472. x = 5   473. x = 3   474. x = 6   475. x = 2   476. x = 2   477. x = 5   478. x = 3

479. x = 7   480. x = 6

Page 41: Pre-Algebra Equations (One Side)

481. y = 88	482. y = 70	483. y = 6,160	484. y = 9	485. y = 1
486. y = 38	487. y = 59	488. y = 71	489. y = 1,372	490. y = 73
491. y = 50	492. y = 59	493. y = 38	494. y = 60	495. y = 136
496. y = 506	497. y = 1,258	498. y = 73	499. y = 1	500. y = 49
501. y = 53	502. y = 3,600	503. y = 50	504. y = 1,917	505. y = 23
506. y = 3,965	507. y = 40	508. y = 2,301	509. y = 77	510. y = 60
511. y = 5	512. y = 1,008	513. y = 4,050	514. y = 1,376	515. y = 43
516. y = 2,492	517. y = 852	518. y = 80	519. y = 2,080	520. y = 29
521. y = 88	522. y = 5,120	523. y = 84	524. y = 2,024	525. y = 59
526. y = 3,621	527. y = 79	528. y = 3,744	529. y = 3,234	530. y = 78
531. y = 440	532. y = 66	533. y = 83	534. y = 1,368	535. y = 53
536. y = 80	537. y = 2,679	538. y = 28	539. y = 456	540. y = 1
541. y = 84	542. y = 3,770	543. y = 3,672	544. y = 1,752	545. y = 2,720
546. y = 10	547. y = 30	548. y = 72	549. y = 2,511	550. y = 19
551. y = 20	552. y = 880	553. y = 13	554. y = 18	555. y = 4
556. y = 4,810	557. y = 402	558. y = 55	559. y = 114	560. y = 80
561. y = 5,616	562. y = 35	563. y = 1,276	564. y = 45	565. y = 13
566. y = 3,150	567. y = 6,699	568. y = 14	569. y = 37	570. y = 10

Page 48: Pre-Algebra Equations (One Side)

571. y = 21	572. y = 76	573. y = 11	574. y = 64	575. y = 73	576. y = 71
577. y = 23	578. y = 13	579. y = 31	580. y = 67	581. y = 7	582. y = 67
583. y = 15	584. y = 85	585. y = 32	586. y = 90	587. y = 7	588. y = 30
589. y = 68	590. y = 82	591. y = 4	592. y = 71	593. y = 21	594. y = 1
595. y = 56	596. y = 55	597. y = 12	598. y = 77	599. y = 77	600. y = 34
601. y = 81	602. y = 61	603. y = 87	604. y = 61	605. y = 64	606. y = 28
607. y = 35	608. y = 55	609. y = 37	610. y = 30	611. y = 3	612. y = 53
613. y = 43	614. y = 44	615. y = 68	616. y = 9	617. y = 80	618. y = 84
619. y = 39	620. y = 23	621. y = 23	622. y = 7	623. y = 66	624. y = 22

625. y = 76	626. y = 57	627. y = 10	628. y = 4	629. y = 29	630. y = 12
631. y = 14	632. y = 43	633. y = 89	634. y = 32	635. y = 28	636. y = 69
637. y = 65	638. y = 27	639. y = 49	640. y = 73	641. y = 25	642. y = 86
643. y = 60	644. y = 20	645. y = 32	646. y = 73	647. y = 41	648. y = 66
649. y = 28	650. y = 49	651. y = 39	652. y = 42	653. y = 37	654. y = 29
655. y = 80	656. y = 90	657. y = 74	658. y = 43	659. y = 24	660. y = 48

Page 56: Pre-Algebra Equations (One Side)

661. y = 70	662. y = 28	663. y = 47	664. y = 65	665. y = 63	666. y = 27
667. y = 23	668. y = 81	669. y = 25	670. y = 52	671. y = 30	672. y = 55
673. y = 73	674. y = 30	675. y = 5	676. y = 36	677. y = 84	678. y = 26
679. y = 49	680. y = 71	681. y = 31	682. y = 84	683. y = 56	684. y = 44
685. y = 5	686. y = 79	687. y = 77	688. y = 81	689. y = 60	690. y = 88
691. y = 23	692. y = 60	693. y = 64	694. y = 31	695. y = 69	696. y = 64
697. y = 68	698. y = 85	699. y = 67	700. y = 11	701. y = 80	702. y = 48
703. y = 63	704. y = 54	705. y = 8	706. y = 90	707. y = 56	708. y = 45
709. y = 40	710. y = 54	711. y = 75	712. y = 25	713. y = 64	714. y = 60
715. y = 36	716. y = 18	717. y = 53	718. y = 9	719. y = 23	720. y = 24
721. y = 39	722. y = 4	723. y = 76	724. y = 88	725. y = 61	726. y = 58
727. y = 8	728. y = 42	729. y = 25	730. y = 35	731. y = 81	732. y = 85
733. y = 87	734. y = 75	735. y = 12	736. y = 74	737. y = 18	738. y = 70
739. y = 65	740. y = 31	741. y = 77	742. y = 65	743. y = 23	744. y = 23
745. y = 30	746. y = 16	747. y = 39	748. y = 69	749. y = 90	750. y = 79

Page 63: Pre-Algebra Equations (One Side)

751. y = 16	752. y = 69	753. y = 58	754. y = 54	755. y = 89	756. y = 41
757. y = 42	758. y = 50	759. y = 62	760. y = 43	761. y = 50	762. y = 55
763. y = 36	764. y = 50	765. y = 81	766. y = 13	767. y = 56	768. y = 6
769. y = 62	770. y = 9	771. y = 85	772. y = 8	773. y = 25	774. y = 8
775. y = 58	776. y = 29	777. y = 26	778. y = 53	779. y = 71	780. y = 7
781. y = 13	782. y = 58	783. y = 76	784. y = 15	785. y = 2	786. y = 83
787. y = 48	788. y = 66	789. y = 21	790. y = 35	791. y = 32	792. y = 7

793. y = 67 794. y = 71 795. y = 54 796. y = 71 797. y = 33 798. y = 30
799. y = 60 800. y = 8 801. y = 12 802. y = 48 803. y = 49 804. y = 23
805. y = 61 806. y = 43 807. y = 57 808. y = 32 809. y = 25 810. y = 82
811. y = 5 812. y = 4 813. y = 63 814. y = 68 815. y = 3 816. y = 90
817. y = 7 818. y = 27 819. y = 28 820. y = 7 821. y = 82 822. y = 77
823. y = 44 824. y = 68 825. y = 90 826. y = 86 827. y = 83 828. y = 83
829. y = 36 830. y = 53 831. y = 66 832. y = 19 833. y = 17 834. y = 55
835. y = 78 836. y = 12 837. y = 69 838. y = 67 839. y = 14 840. y = 53

Page 71: Pre-Algebra Equations (Two Sides)

841. x = 7 842. x = 3 843. x = 7 844. x = 3 845. x = 6 846. x = 3 847. x = 7
848. x = 8 849. x = 3 850. x = 7 851. x = 8 852. x = 8 853. x = 6 854. x = 5
855. x = 5 856. x = 6 857. x = 5 858. x = 4 859. x = 2 860. x = 2 861. x = 9
862. x = 9 863. x = 5 864. x = 8 865. x = 4 866. x = 3 867. x = 8 868. x = 2
869. x = 4 870. x = 4 871. x = 7 872. x = 3 873. x = 4 874. x = 9 875. x = 8
876. x = 9 877. x = 9 878. x = 6 879. x = 5 880. x = 4 881. x = 9 882. x = 4
883. x = 9 884. x = 7 885. x = 6 886. x = 7 887. x = 3 888. x = 6 889. x = 2
890. x = 5 891. x = 8 892. x = 6 893. x = 2 894. x = 4 895. x = 2 896. x = 5
897. x = 8 898. x = 2 899. x = 5 900. x = 9 901. x = 3 902. x = 6 903. x = 7
904. x = 2 905. x = 7 906. x = 5 907. x = 4 908. x = 6 909. x = 4 910. x = 2
911. x = 2 912. x = 6 913. x = 8 914. x = 9 915. x = 7 916. x = 6 917. x = 9
918. x = 4 919. x = 3 920. x = 6 921. x = 2 922. x = 8 923. x = 6 924. x = 2
925. x = 4 926. x = 9 927. x = 5 928. x = 9 929. x = 8 930. x = 9 931. x = 7
932. x = 8 933. x = 6 934. x = 9 935. x = 9 936. x = 4 937. x = 8 938. x = 4
939. x = 6 940. x = 9

Page 81: Pre-Algebra Equations (Two Sides)

941. x = 9 942. x = 6 943. x = 8 944. x = 9 945. x = 3 946. x = 3 947. x = 7
948. x = 2 949. x = 9 950. x = 3 951. x = 4 952. x = 6 953. x = 4 954. x = 7
955. x = 3 956. x = 3 957. x = 2 958. x = 2 959. x = 7 960. x = 6 961. x = 2
962. x = 5 963. x = 3 964. x = 5 965. x = 5 966. x = 8 967. x = 5 968. x = 9
969. x = 7 970. x = 5 971. x = 6 972. x = 5 973. x = 2 974. x = 3 975. x = 9

976. x = 8   977. x = 8   978. x = 8   979. x = 2   980. x = 9   981. x = 8   982. x = 7
983. x = 5   984. x = 7   985. x = 9   986. x = 4   987. x = 4   988. x = 6   989. x = 6
990. x = 2   991. x = 4   992. x = 2   993. x = 4   994. x = 9   995. x = 8   996. x = 8
997. x = 6   998. x = 7   999. x = 7   1000. x = 6   1001. x = 3   1002. x = 5   1003. x = 4
1004. x = 4   1005. x = 7   1006. x = 4   1007. x = 8   1008. x = 6   1009. x = 7   1010. x = 5
1011. x = 9   1012. x = 3   1013. x = 2   1014. x = 2   1015. x = 9   1016. x = 3   1017. x = 9
1018. x = 7   1019. x = 7   1020. x = 5   1021. x = 5   1022. x = 8   1023. x = 5   1024. x = 9
1025. x = 3   1026. x = 9   1027. x = 2   1028. x = 8   1029. x = 4   1030. x = 3   1031. x = 5
1032. x = 4   1033. x = 5   1034. x = 2   1035. x = 4   1036. x = 2   1037. x = 3   1038. x = 5
1039. x = 7   1040. x = 9

Page 91: Pre-Algebra Equations (Two Sides)

1041. x = 7   1042. x = 5   1043. x = 6   1044. x = 8   1045. x = 7   1046. x = 8   1047. x = 4
1048. x = 9   1049. x = 8   1050. x = 7   1051. x = 7   1052. x = 9   1053. x = 9   1054. x = 7
1055. x = 5   1056. x = 8   1057. x = 6   1058. x = 5   1059. x = 7   1060. x = 5   1061. x = 9
1062. x = 4   1063. x = 4   1064. x = 4   1065. x = 3   1066. x = 9   1067. x = 6   1068. x = 8
1069. x = 2   1070. x = 9   1071. x = 4   1072. x = 3   1073. x = 5   1074. x = 2   1075. x = 2
1076. x = 3   1077. x = 4   1078. x = 3   1079. x = 5   1080. x = 6   1081. x = 8   1082. x = 5
1083. x = 6   1084. x = 9   1085. x = 3   1086. x = 2   1087. x = 5   1088. x = 2   1089. x = 3
1090. x = 4   1091. x = 9   1092. x = 6   1093. x = 8   1094. x = 7   1095. x = 3   1096. x = 2
1097. x = 3   1098. x = 8   1099. x = 4   1100. x = 6   1101. x = 2   1102. x = 2   1103. x = 7
1104. x = 6   1105. x = 3   1106. x = 7   1107. x = 6   1108. x = 8   1109. x = 9   1110. x = 6
1111. x = 7   1112. x = 6   1113. x = 7   1114. x = 2   1115. x = 9   1116. x = 5   1117. x = 4
1118. x = 4   1119. x = 5   1120. x = 3   1121. x = 7   1122. x = 4   1123. x = 9   1124. x = 6
1125. x = 5   1126. x = 6   1127. x = 2   1128. x = 4   1129. x = 4   1130. x = 8   1131. x = 9
1132. x = 6   1133. x = 4   1134. x = 6   1135. x = 3   1136. x = 6   1137. x = 7   1138. x = 6
1139. x = 9   1140. x = 9

Printed in Great Britain
by Amazon